OBJECTIONS

CONTRE

LE SYSTÈME DE LIQUIDATION

ADOPTÉ

POUR L'EXÉCUTION DE LA LOI ET DE L'ORDONNANCE DU ROI

SUR L'INDEMNITÉ.

PAR BOUCHER DE COURSON,

CHEVALIER DE SAINT LOUIS.

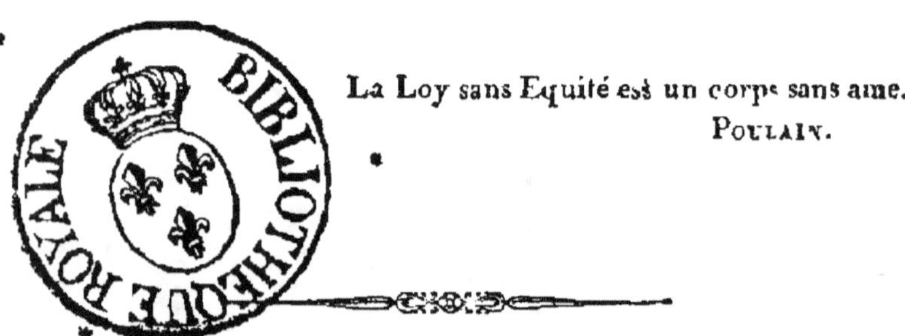

La Loy sans Equité est un corps sans ame.

POULAIN.

PARIS,

PETIT, LIBRAIRE DE MONSIEUR, GALERIE DE BOIS;
PÉLICIER, LIBRAIRE, PLACE DU PALAIS-ROYAL;
ET LES PRINCIPAUX LIBRAIRES.

1825.

OBJECTIONS

CONTRE LE SYSTÈME DE LIQUIDATION

ADOPTÉ POUR L'EXÉCUTION DE LA LOI ET DE L'ORDONNANCE DU ROI

SUR L'INDEMNITÉ.

Développement du sujet.

Avant de se prononcer ouvertement contre une mesure dans le dessein de la démontrer préjudiciable par ses résultats, il était raisonnable et nécessaire d'attendre qu'il fût prouvé, que, réellement elle a été adoptée.

Dans la circonstance actuelle, combattre l'opération administrative de la liquidation de l'Indemnité, en s'appuyant de faits connus; c'est peut-être suivre une résolution que l'opinion publique voudra déclarer judicieuse et utile.

En bonne logique, une objection est réellement un syllogisme; mieux elle en remplit les conditions, plus il devient facile de la reconnaître fondée.

La principale conséquence que cet Ecrit tend à prouver, est que par son système de liquidation, l'Administration fait subir une lésion manifeste. Si les moyens employés pour obtenir le but que l'on se propose sont reconnus suffisants, serait-on coupable d'en avoir fait usage! Sur-tout s'ils tendent à servir les intérêts des familles, et que par cela même il devint possible de les considérer comme utiles à tous.

Dans des vues d'avantages communs, sans doute, l'Administration s'est crue autorisée à donner à la loi et à l'ordonnance du Roi sur l'*Indemnité*, une interprétation, dont elle même a réglé le sens. Mais si cette interprétation est réellement vicieuse, si elle entache la loi, si elle ne sert que le *fisc*, si elle enlève au malheur ce que la munificence du Souverain a voulu lui rendre, la mesure qui en demeure la suite, serait-elle assez suffisamment fondée, pour que le dommage qui en résulte, doive être continué!

Il est une vérité dont tous les Sujets du Roi ont la juste conviction; gouverner, ce n'est pas contraindre à une volonté absolue, mais bien se montrer l'appui, le gardien, le dispensateur de la loi.

C'est par suite de cet axiome, que pour tous, le texte d'une loi est le corps de la loi, que pour tous, l'esprit d'une loi détermine seulement le rapport que cette loi rendue peut avoir avec diverses choses. Se mettant au-dessus du principe, l'Administration a pensé pouvoir se rendre l'arbitre de la liquidation, régler elle-même la valeur de *l'actif*, déterminer les charges du *passif*. Prenant avantage d'un mot qui se trouve dans la loi d'Indemnité et dont elle change la condition, en lui donnant une acception forcée ; se prévalant d'une omission considérable que présente cette même loi, et d'où elle conclut à l'abrogation d'un acte qui a été en vigueur; elle prononce que ces deux incidens, doivent tourner au profit de son droit prétendu.

Les *liquidataires* ne peuvent être contraints à subir le résultat d'une telle résolution. Son calcul est par trop désavantageux. Il laisse l'infortune en butte à des dommages que le Législateur dans sa juste dispensation a senti devoir faire cesser.

Sans chercher à provoquer à des discussions, prévoyant avec confiance que le système adopté par l'Administration sera nécessairement anéanti par la prépondérance auguste de *l'équanimité* du Monarque; il faut cependant le dire, la question est d'une importance si majeure, qu'elle doit être suivie. Les prérogatives de la Couronne s'y rattachent, les droits politiques des Sujets y sont liés; elle embrasse tous les intérêts particuliers.

Une circonstance bien remarquable ajoute encore à la nature de cette question. Quelque profitables que puissent devenir aux Indemnisés, les décisions à intervenir pour résoudre les difficultés, dans aucuns cas ces décisions ne doivent porter atteinte aux intérêts des contribuables. Toutes les conditions qui pourront en être les suites, auront uniquement rapport à *l'indemnité*. La Loi rendue, et qui en détermine la quotité générale, doit sous ce rapport demeurer invariable. Que l'Administration retienne à elle une portion des sommes partielles dont se composeront les répartitions délivrées à titre du droit, ou accordées comme dédommagement; que les prétentions des demandeurs puissent devenir plus considérables, ce sera toujours entre l'Administration et les dépossédés réclamans, que les valeurs resteront réparties ; dans aucun cas, il ne peut y avoir de nouveaux sacrifices à exiger des contribuables, ni de dégrèvement à leur accorder. Assurément, les trente millions donnés par l'Etat demeureront absorbés dans les comptes, mais aussi, ils seront suffisans pour les régler.

De l'objection principale que les circonstances forcent à élever, il en naît deux distinctes. C'est en posant l'état de chacune d'elles, que l'on démontrera leur objet, ainsi que leur différence.

La loi du vingt-hnit Avril est promulguée, il n'est plus permis de se plaindre de ses vices ; mais qui pourrait contester à ceux dont elle stipule les intérêts, le droit de tirer avantage et de ses termes propres, et des dispositions qui y sont énoncées.

L'Ordonnance du *cinq Mai*, qui peut être considérée comme le complément de la loi, et qui en détermine l'exécution, accorde la faculté de former toutes réclamations.

Si la loi de l'Indemnité a eu sa cause positive, son motif reste aussi déterminé. Sa cause formelle, fut la révolution ; son motif intentionnel est le soin de cicatriser les plaies faites dans les temps de désordres. Les lois révolutionnaires eurent pour objet de tout prendre. La loi Royale a pour but de rendre le plus possible. Si de faits résultant d'actes révolutionnaires sortissent des moyens de servir les intentions royales, ne doit-on pas s'y arrêter ?

Qu'a exécuté la Révolution dans son régime illégal ? Elle a prononcé des confiscations, complétées par adjudications à son profit ; elle a spolié de leur avoir, des créanciers, en touchant les produits qui étaient le gage donné par le débiteur pour garentie ; elle s'est emparée du fonds, du capital, des créances, des dettes, de tout ce qui était réel, même de ce que le temps pouvait donner.

Que veut l'Administration actuelle ? Diminuer la quotité des sommes qu'elle peut être dans l'obligation de payer ; augmenter le taux de celles qu'elle se croit autorisée à retenir. De quelles données s'appuie-t-elle pour faire prévaloir son système ? Elle explique le terme *adjudication* qui se trouve dans la loi du vingt-huit Avril. Elle règle à son gré la condition qui y est aussi énoncée, du paiement des dettes à opérer par déduction.

Pour ne pas payer autant, l'Administration veut que le terme *adjudication* se rapporte à chaque vente partielle opérée dans les temps. Pour retenir davantage sur les déductions, elle considère les créances dont elle compose le *passif*, comme ayant été payées par des sommes réelles, avec des valeurs intégrales, ou en numéraire.

Deux journaux à opinions communiquées, se sont montrés les Apologistes des combinaisons du Fisc ; la mesure en est-elle mieux justifiée ? *Le Pilote*, *l'Etoile*, sont des journaux assez répandus pour que leurs assertions soient évaluées d'un chacun.

Comment peut-on supposer, que, réclamer la disposition d'une loi, ou se montrer opposant à ceux qui s'étudient pour en dénaturer l'intention, ce soit se rendre ingrat envers le Monarque ? Le vrai dévouement peut au contraire croire remplir un devoir. C'est d'après les faits que la postérité porte son jugement, les actes du règne impriment le sceau à la mémoire des rois !

Pour la saine raison, il n'y a point d'injustices, à défendre ses droits contre les prétentions d'une administration. Dans toutes les affaires avec des tiers, elle agit comme partie intéressée ; dès-lors, de son fait, elle peut donner lieu à des contestations. Le plus souvent c'est sa manière d'opérer qui les provoque. On serait coupable de partialité d'en attribuer la cause aux personnes ; ce vice prend sa source dans les choses.

Henri IV, qui reconnaissait cette vérité, disait à ses conseils : « L'on ne doit établir d'autres » moyens de justice en affaires d'Administration, » que celle qui de droit peut se pratiquer entre » deux particuliers. »

Dans les gouvernemens monarchiques, dit Montesquieu, il y a une loi, et là où elle est précise, elle devient la règle de tous.

Il ne peut appartenir qu'au Roi, d'expliquer l'intention des lois et leur donner un sens positif. Lorsqu'il survient des difficultés sur la signification des termes, lorsqu'il faut y appliquer une disposition non comprise dans le texte de la loi, pour en définir la nature, il est besoin d'une déclaration formelle et souveraine.

La loi de l'indemnité a prononcé l'intention de la puissance législative ; l'ordonnance Royale a défini la volonté du gouvernement du Roi. L'Administration n'est donc appelée qu'à effectuer l'exécution des dispositions voulues. Elle ne peut outre-passer les bornes de ses attributions. Dans le cas dont est question, elle ne doit-être véritablement considérée que comme mandataire.

Il est deux principes de rigide équité, qui s'appliquent au droit des gens.

Un acte de justice, fut-il consenti même par un tyran, il ne peut jamais être annulé.

Les règles de la souveraineté invitent les gouvernemens de profiter à tous; de ne nuire jamais à personne.

C'est d'après ces règles, moralement invariables, qu'il est reconnu parmi tous les peuples policés, que les lois politiques forment, que les lois civiles maintiennent.

Le terme de *Tyran*, employé dans cette cita-

tion, doit être considéré comme pris dans son acception collective, l'intention ne peut être d'en faire
une application particulière ; sur-tout s'il était possible, que des esprits aigris voulussent le rattacher
à des temps qui ont succédé à ceux de l'anarchie,
et à cette époque où la France s'est vue plus positivement rangée sous le gouvernement de fait.

C'est dans les actes des gouvernemens qui ont
dirigé le pouvoir au milieu des orages et des con-
vulsions politiques, c'est dans les lois que les différens régimes ont fait naître, que l'on puise les
moyens les plus victorieux pour démontrer par
combien de motifs les prétentions de l'Administration sont inadmissibles.

Ainsi que tout particulier, l'Administration sous
un gouvernement de droit demeure soumise à ce
principe : *Les choses jugées sont tenues pour va-
lables, et leur autorité pour éternelle.*

Ce n'est point dans les discours des orateurs du
gouvernement qui ont présenté aux chambres la
loi du 28 avril, ou qui en ont soutenu la discussion,
qu'il convient de rechercher les traces des différentes dispositions intentionnelles dont la force
peut être opposée avec fruit au système de l'Administration. Comme elle en connaît le texte, que
peut-être elle en a formé le sens, elle en récuse-
rait sans doute les pensées généreuses. Alors on se
verrait réduit à avouer que, parfois, le mieux est
l'ennemi du bien.

Les projets présentés à des époques antérieurs,

et dont l'effet a été de déterminer les différentes Assemblées législatives à adopter des lois de restitution, remplissent mieux l'objet qu'on se propose. Ils prouveront sans doute à tous, depuis combien de temps, même sous les gouvernemens de fait, on a jugé nécessaire de travailler à guérir l'Etat de ces mêmes plaies que le Roi dans sa haute sagesse veut voir cicatrisées, ainsi que l'a prononcé son auguste prédécesseur.

Il est bien permis, sans doute, de s'aider de ces documens, ainsi que des lois des temps, pour démontrer que, si les moyens adoptés dans les vues d'opérer la liquidation de l'indemnité, continuent à être irrévocablement suivis, ces plaies dont la guérison a été entreprise, même aux époques de malheur, resteront pour l'avenir réellement, tuméfiées; cependant l'Etat fournit plus qu'il n'est nécessaire peut-être pour que ces plaies soient heureusement cicatrisées.

En sa qualié de Membre d'une commission spéciale nommée pour prendre connaissance des poursuites dirigées contre les condamnés, et contre les Emigrés qui n'avaient été rayés définitivement qu'après la vente de tout ou partie de leurs biens immeubles, le député Jacqueminot fit en l'an VI un rapport dans lequel on remarque les passages suivans : « Non, je ne connais pas de position plus » pénible pour un homme sensible, que d'avoir à » se décider sur une telle alternative....

» La commission a encore pensé unanimement,

» que la rigueur de droit, les vrais principes, la
» Constitution elle-même, conservaient les droits
» des créanciers, contre les co-partageans, les hé-
» ritiers des condamnés, les rayés définitive-
» ment. Elle n'a rien vu dans la loi du premier
» Floréal an III, qui fondât une opinion contraire.

» Mais le droit rigoureux, mais ce *summum jus*,
» est-il si loin de l'équité, est-il si voisin de l'in-
» justice !

» Mais les événemens que notre révolution a
» entraînés sont si inouis, ils sont si fort au-dessus
» de toute prévoyance humaine, que peut-être ils
» prescrivent des tempéramens qu'on ne pourrait
» se permettre en aucune autre circonstance. S'ils
» ne sont strictement justes, ils sont assurément
» équitables : et craint-on de s'égarer quand on
» cède à la voix de l'équité et de l'humanité, sans
» compromettre le bien public. C'est au moins
» l'idée dans laquelle votre commission s'est plue;
» c'est aussi celle à laquelle elle s'est arrêtée, et
» toujours unanimement....

» Un navire est balotté par la tempête; le poids
» qui le surcharge fait craindre qu'il ne s'abîme
» dans les flots, on l'allége, en jettant à la mer
» une partie de la cargaison, on le sauve. La perte
» entière tombe-t-elle sur le passager dont la mar-
» chandise a été sacrifiée? Non! parce que le sa-
» crifice qu'on lui impose profite à tous. Tous le
» supportent en proportion de l'utilité dont il
» leur fut.

» Le créancier n'était-il pas dans le navire avec
» les cautions, avec les co-partageans, avec les hé-
» ritiers des condamnés, avec les inscrits sur les
» listes? La tempête fut-elle pas affreuse? Si les
» derniers redoutaient d'être submergés, les pre-
» miers n'avaient-ils pas à craindre une avarie
» notable? Proposons donc la même mesure; c'est,
» dit votre commission, que le bien et le mal
» soient répartis proportionnellement. Le mal
» ainsi divisé deviendra moins sensible, *les plaies*
» *qu'il a faites se cicatriseront plus facilement et*
» *plus promptement.*

» Quel est au surplus le créancier honnête et
» délicat qui n'adoptât pas de lui-même ce pro-
» cédé? qui ne le préférât pas à la nécessité d'abî-
» mer son débiteur, et d'ajouter en lui, afflictions
» sur afflictions. »

Dans le motif du projet de loi sur la clôture de
la liste des émigrés, présenté le vingt-sept pluviose
an VIII, par les Consuls au corps Législatif, le gouvernement s'appuie des considérations suivantes :

« Depuis long-temps l'opinion publique solli-
» citait la clôture de la liste des émigrés.

» La sûreté des transactions, la circulation
» du numéraire, l'activité des entreprises com-
» merciales, en un mot la renaissance et l'a-
» grandissement du crédit public, paraissent dé-
» pendre essentiellement de cette mesure.

» Il faut en convenir de bonne foi, sous l'em-
» pire des lois existantes contre les émigrés, et

» sur-tout de celles qui sont relatives à la disposi-
» tion de leurs biens, *la propriété n'était plus qu'un*
» *vain mot*, dans la république française. Du mo-
» ment où un Citoyen était inscrit sur la liste fata-
» le, du moment où il existait contre lui, de la
» part d'une Administration quelconque, un arrê-
» té qui ordonnait qu'il fût inscrit, il fallait qu'il
» quittât d'abord le territoire de la république. Ses
» biens étaient séquestrés, vendus; sa famille,
» et ses créanciers ruinés; et tel était l'arbitraire
» de ces lois, que nul Citoyen ne pouvait être sûr
» de n'être pas porté sur une liste.... Il ne lui fal-
» lait qu'un ennemi.

» Ainsi la propriété, comme la sûreté person-
» nelle étaient à la merci de l'intrigue, de la
» haine, de toutes les passions malfaisantes, c'est-
» à-dire en d'autres termes, que l'ordre social
» était bouleversé dans ses bases fondamentales....

» Le gouvernement travaille sans relâche au ré-
» tablissement de la confiance, et de l'ordre pu-
» blic; il veut de bonne foi la paix, il veut ra-
» viver l'agriculture, le commerce, les arts, il
» veut protéger les personnes, les propriétés; il
» lui répugne sur-tout de conserver le droit ter-
» rible que lui donnaient les lois sur l'émigration,
» en un mot il veut gouverner. »

Ces documens puisés dans le passé, prêtent à
des réflexions diverses; peut-on leur assimiler
celles que font naître les actions actuelles;
cependant, elles préparent l'avenir.

~~~~~~

Exposé du système de liquidation adopté par l'Administration.

L'Administration divise la liquidation en deux opérations.

Liquidation de l'Actif.

Le montant du produit, ou le prix des biens soumis à la réduction dépréciative des assignats d'après les époques de ventes.

Liquidation du Passif.

La retenue du total énonciatif des dettes, (valeur nominale) exercée sur les sommes réduites, dont il doit être fait compte à titre d'indemnités.

Pour l'Actif, l'estimation des biens, faite lors de l'expertise qui a été la suite nécessaire de l'inventaire de confiscation, est nulle.

Pour le Passif, quelle qu'ait été la valeur des dettes, dans quelle cathégorie qu'elles aient été classées ; qu'elles fussent hypothéquaires, chirographaires, simples, viagères, constituées, de quelque manière qu'elles aient été liquidées, à quelque époque le paiement en ait été effectué ; l'Administration établit son droit au remboursement, d'après l'énoncé du titre stipulant la créance, et non, d'après le bordereau des sommes comptées en différentes valeurs aux créanciers pri-
~~~~~~

mitifs. Elle met de plus à la charge du liquidataire les intérêts qui peuvent avoir couru depuis le jour où la demande judiciaire aurait été formée par l'ayant droit, et celui où la dette a été réellement liquidée. Cependant, si les retards de paiemens ont eu lieu, la faute n'en est pas aux débiteurs, mais elle reste bien le fait de la volonté du plus fort.

De ce système d'opérer, il résulte, qu'un bordereau d'indemnité, offert par l'Administration, peut présenter le résultat suivant :

La supposition qu'on établit, est de fait, exacte pour la majeure partie de ceux qui réclament.

Ce compte figuratif est formé d'après une vente qui aurait été opérée au mois de Juillet 1794, ou en Messidor an II. Cette époque est choisie comme terme moyen.

Actif.

Valeur des biens évalués d'après l'inventaire dressé à l'époque du séquestre..... *inconnue.* Produit établi d'après le procès-verbal de vente, *dix mille francs.* — Réduction des *assignats* à l'époque de la vente, *valeur, trente-trois pour cent.* Total, *à liquider : trois mille, trois cent, trente-trois francs.*

Ce capital d'indemnités donne droit à une inscription intégrale (*à raison de trois pour cent,*) de la somme de *cent francs.*

Passif.

Le total des sommes dues au moment du séquestre, y compris les intérêts jusqu'à l'époque où elles ont été liquidées par l'Etat, s'élève à la valeur nominale *de trois mille francs.*

L'Administration réclame cette valeur effective.

Cette somme devant être payée au fisc en inscription *de trois pour cent,* la retenue à exercer pour ces *trois mille francs,* se trouve être de *quatre-vingt-dix francs.*

Déduisant cette valeur de celle reconnue à revenir pour l'indemnité, le liquidataire demeure avoir droit à une inscription de la somme réelle *de dix francs.*

Au bordereau, on joint cet avis :

« Ce compte étant établi par l'Administration,
» qui le déclare juste et le tient pour exact ; le
» réclamant en liquidation est invité à l'accepter
» si il veut entrer en jouissance de ce à quoi il
» a droit. Il lui est loisible de présenter ses obser-
» vations. Si elles sont reconnues admissibles,
» elles lui créeront un titre suffisant pour pouvoir
» espérer un dédommagement, lorsque l'opé-
» ration de la liquidation sera totalement ter-
» minée ». Alors une loi nouvelle sera rendue pour déterminer d'après quel mode, ces dédommagemens seront établis, et alloués.

Ainsi sur une liquidation dont le produit de

l'actif, s'élève à cent francs de rente , il en reste temporairement quatre-vingt-dix à la disposition du trésor; d'où il s'ensuit incontestablement , que durant cinq ans encore , et au moins : le bénéfice de la loi se réduit pour le demandeur à-peu-près à zéro , quoi qu'il soit reconnu propriétaire de biens fonds vendus dix mille francs , et seulement débiteur de mille francs.

Il ne faut pas craindre de le dire , ce *summum jus* élaboré par l'Administration , peut paraître bien voisin de l'injustice. Pour le malheureux qui reste en souffrance , l'avenir n'est que l'espérance, sans la présomption de la probabilité.

Précis de la loi du 28 avril, et de l'ordonnance du Roi du 5 mai.

La loi d'indemnité, ainsi que l'ordonnance du Roi qui en détermine l'exécution, doivent être considérées comme étant les seuls et vrais élémens de la liquidation. Former un précis de ces deux actes, les réunir en tant, qu'ils se montrent semblables soit par le texte, soit par leurs intentions implicites, ce n'est que se donner un moyen pour tirer avantage d'un corps de preuves.

Il demeure incontestable, sans doute, que, si le texte de ces actes présente un emploi de mots, dont l'acception rigoureuse puisse se rapporter à deux circonstances opposées, il faudra nécessairement en interpréter l'intention, dans le sens le plus favorable à ceux qui participent à l'objet de la résolution.

Des divers articles dont ces documens irrécusables se composent, les uns sont *dispositifs*, les autres sont seulement *réglementaires*; d'où il résulte, que ces derniers sont les seuls qui peuvent être modifiés. Comme c'est de la *teneur* des articles *dispositifs*, qu'il importe de se prévaloir contre le système de l'Administration, il devient important d'en présenter la substance.

L'article premier de la Loi contient cette disposition :

« Trente millions de rentes au capital d'un mil-
» liard, sont affectés à l'indemnité due par l'Etat,
» aux Français dont les biens-fonds situés en
» France, ou qui faisaient partie du territoire de
» la France au premier janvier mil sept cent quatre-
» vingt douze, ont été confisqués, et aliénés en
» exécution des lois *sur les Déportés, les Emigrés,*
» *les Condamnés révolutionnairement.*

» Cette indemnité est définitive, et dans aucun
» cas il ne pourra y être affecté aucune somme
» excédant celle qui est portée au présent article.

» 2° Pour les biens vendus en exécution des lois
» qui ordonnaient la recherche et l'indication préa-
» lable du revenu *de mil sept cent quatre-vingt*
» *dix....* L'indemnité consistera en une inscrip-
» tion de rente, trois pour cent, sur le grand
» livre de la dette publique, dont le capital
» sera égal à dix-huit fois le revenu tel qu'il a été
» constaté par *les procès-verbaux d'expertise ou*
» *d'ajudication.*

» Pour les biens-fonds dont la vente a été faite
» en vertu des lois antérieures au 12 Prairial
» an III.... l'indemnité se composera d'une ins-
» cription de rente, trois pour cent, sur le grand
» livre de la dette publique, dont la capital sera
» égal au prix de vente, réduit en numéraire *au*
» *jour de l'adjudication,* d'après le tableau de dé-
» préciation des *assignats* dressé en exécution de

» la loi du 5 Messidor an V, dans le département
» où était située la propriété vendue.

» Les articles 3, 4, 5, 6, 7 et 8, peuvent être
» considérés comme articles réglementaires.

» L'article neuf prescrit : le ministre des finances
» vérifiera s'il n'a pas été payé de *soultes,* ou de
» dettes, à la décharge du propriétaire dépos--
» sédé. S'il ne lui a pas été compté en exécution
» de la loi du 5 décembre 1814, des sommes pro-
» venant de reliquat de la vente de ses biens ; s'il
» ne s'est pas opéré de compensation pour les
» sommes dues par lui au même titre.... Il sera
» dressé un état de déduction à opérer, dans le-
» quel ne seront pas comprises les sommes payées
» à titre de secours.... et autres paiement de cette
» nature, faits en assignats, en vertu des lois du
» 8 avril 1792 et 12 mars 1793. Les articles 10, 11,
» 12, 13 et 14 sont réglementaires, le 15ᵉ reutre
» dans les dispositions du 1ᵉʳ; l'article 16 contient
» cette disposition :

» Les anciens propriétaires des biens donnés
» aux *hospices,* et autres établissemens de *bienfai-*
» *sance,* soit en remplacement de leurs biens alié-
» nés, soit en paiement de sommes dues par
» l'État, auront droit à l'indemnité ci-dessus ré-
» glée ; cette indemnité sera égale au montant de
» l'estimation en numéraire, faite avant la cession.
» Les art. 17, 18, 19, 20, 21, sont réglementaires.
» L'article 22 renferme cette clause. Pendant cinq
» ans, à compter de la promulgation de la pré-

» sente loi, tous les actes translatifs de la propriété
» des biens confisqués *sur les émigrés, les déportés,*
» *les condamnés révolutionnairement,* et qui se-
» raient passés entre les propriétaires actuels des-
» dits biens, et l'ancien propriétaire, ou ses héri-
» tiers, seront enregistrés moyennant un droit
» fixe de trois francs. Le reste de la loi est trans-
» sitoire. »

Il est aussi naturel qu'important peut-être, de joindre à ces articles de la loi, ceux de l'ordonnance du Roi qui en rendent les dispositions plus précises.

L'article premier est ainsi conçu :

« Il sera procédé immédiatement par la direc-
» tion des domaines, dans les Départemens, à la
» liquidation de l'indemnité due par l'Etat pour
» tous les biens-fonds, *confisqués et vendus* révo-
» lutionnairement. Article deux : Notre ministre
» des finances transmettra au directeur-général
» des domaines et de l'enregistrement l'état des
» déductions à opérer..... Article trois : Le direc-
» teur-général des domaines joindra à l'état reçu,
» un tableau indicatif des *soultes* payées à la dé-
» charge du propriétaire dépossédé. Des sommes
» provenant des reliquats de décomptes, lesquelles
» ont été remises aux anciens propriétaires ou à
» leurs représentans, en exécution de la loi du 5
» décembre 1814, et des compensations opérées
» à leur profit, pour des sommes dues aux mêmes
» titres..... Du montant des bons au porteur don-

» nés en remboursement aux·déportés et aux fa-
» milles des condamnés en exécution des décrets
» du 21 prairial, et 22 fructidor an III, réduits en
» numéraire au cours du jour, où la remise a été
» faite ». Ces articles de l'ordonnance , détermi-
nent le caractère de la volonté intentionnelle du
souverain. Les autres peuvent être considérés
comme n'indiquant que des dispositions d'exécution.

Par la loi actuelle, les anciennes lois ne sont
pas abrogées. Par l'ordonnance du Roi, les décrets
antérieurs ne sont pas rapportés. Les dispositions
de ces actes qui firent autorité , continuent donc à
avoir force pour tout ce qui s'y rattache. Par son
opération, l'administration se montre en opposition
formelle à ces lois, à ces décrets; la conséquence
naturelle à tirer de cette résolution administrative,
est, qu'elle prête à être taxée de mesure arbitraire,
ou qui tend à concussion.

PREMIÈRE OBJECTION.

Ce qui concerne l'actif des dépossédés.

« Quoiqu'il soit incontestablement vrai, que, le premier paroxisme de la révolution a eu pour effet, de faire passer de l'ordre régulier, à l'état de confusion ; il n'en demeure pas moins pour constant, que les Agens du désordre, que les directeurs du pouvoir de fait, ont suivi dans leurs opérations, un système de régularité qui aujourd'hui encore aide à démontrer, que, les intentions restèrent toujours distinctes.

Sans envisager l'action révolutionnaire sous toutes ses faces, il suffit pour rendre plausible l'assertion avancée, d'en faire l'application à ce qui concerne l'envahissement des propriétés.

C'est alors qu'on peut dire, l'Etat a *hérité*, l'Etat a *confisqué*.

De fait, le corps du Clergé ayant été anéanti, les possesseurs de ses biens n'existant plus, son héritage a été dévolu à l'Etat. Seul il était appelé à succéder à défaut d'ayant droit ; aussi dès l'origine de la prise de possession de ces biens, ont-ils été déclarés *nationaux*.

Les biens des *Emigrés*, des *Déportés*, des *Condamnés*, ne sont entré dans le domaine de l'Etat, que, par suite de lois rendues successivement.

Par les premières, la saisie a été prescrite. Ensuite ont été portées celles pour s'emparer de la jouissance. Les dernières ont prononcé la confiscation. Les effets sont donc réellement demeurés distincts. C'est ce qu'il est facile de démontrer.

Les biens des Emigrés, n'ont été déclarés biens nationaux, que par suite du décret du 4 Août 1793. Ce décret portait : « Il sera placé au-dessus de » la principale porte des maisons nationales ou » d'émigrés, cette inscription: *propriété nationale* » *à vendre ou à louer.* »

Par la loi du premier Août 1791, tous les Français absens sont tenus de rentrer dans un mois; ceux qui ne se conformeront pas à cette loi, seront réputés *Emigrés. Ils devront payer par forme d'indemnité du service personnel, une triple contribution foncière et mobiliaire, pendant tout le temps de leur absence.*

Aux termes de la loi du 12 Février 1792, les biens des Emigrés sont déclarés sous *la mainmise* de la Nation, et sous la surveillance des corps Administratifs. Par la loi du 28 Juillet, même année, il est disposé des revenus desdits biens, reconnus alors, seulement, séquestrés.

Le dispositif de la loi du 2 Septembre porte en termes explicites : *Les biens tant mobiliers qu'immobiliers, séquestrés ou qui doivent l'être en vertu de la loi du 3 Avril dernier, relative aux biens des Emigrés, sont dès-à-présent acquis et confisqués à la nation.*

Toutes les lois postérieurement rendues , notamment celles des 1er, 3, 10 et 25 Novembre 1792; celles du 24 Avril 1793 ; celles qui ont prescrit la remise des dépôts ; celles du partage de pré-succession ; celles de la liquidation des créances actives ou passives ; celles de transcription des droits successifs , toutes ensemble ne présentent que la conséquence forcée de cette loi de *confiscation*.

Il est inutile, sans doute, de rappeler toutes les différentes dispositions de ces lois. Il suffit seulement de faire remarquer que dans la suite elles devinrent communes aux *condamnés* , aux *déportés*.

Si cette loi du 2 Septembre 1792 , fut dans les temps une loi de rigueur , les liquidataires , ceux qui furent dépossédés en vertu de ses dispositions ; se voient aujourd'hui dans la nécessité de la réclamer comme loi de faveur : il faut dire plus , ils en ont le droit.

Pourrait-on craindre d'avancer une vérité , surtout lorsqu'elle peut servir tant d'intérêts.

La difficulté paraîtra sans doute extraordinaire , mais qu'importe , si elle est réellement fondée ?

C'est en rappelant les décisions de nos anciens *Etats-Généraux* , qu'on la présente à la méditation de la puissance législative ; c'est en citant des ordonnances de nos Rois, qu'on la soumet au Monarque qui gouverne , au Souverain à qui il appartient de la résoudre.

Cette difficulté s'appuie de l'ancienne législation. Pour ce qui est du régime des confiscations, il n'existe pas de nouvelle jurisprudence. Par son décret du 14 Floréal an 2, la Convention Nationale, déclare ; que, le principe de la *confiscation* est maintenu. Cambacérès, jurisconsulte, et depuis consul, dans une consultation donnée en l'an 6, a émis cette opinion : « Ainsi que dans » nos anciennes lois, la confiscation n'est jamais » qu'un accessoire de la condamnation. »

Pourrait-on être coupable de se prévaloir de ce régime des confiscations, pour y trouver des moyens de dédommagemens, à des sacrifices occasionnés par suite d'un attachement constant, à ses devoirs, dont le sentiment prend sa source dans d'anciens principes.

Le mot *adjudication*, employé explicitement dans le deuxième article de la loi du 28 Avril dernier, ainsi que dans l'ordonnance du Roi, ne doit se rapporter qu'à la mesure de confiscation. Il ne peut en aucune manière, se rattacher aux différentes opérations de ventes des biens, qui ont eu lieu d'après des procédés voulus, et déterminés pour plusieurs acquisitions.

On conviendra, sans doute, de la solidité de cette proposition affirmative, s'il demeure démontré que de tous les temps, les propriétés qui furent *confisqués* par l'Etat, lui demeurent *adjugées*, au contraire, tous les biens sortis des mains de l'Etat, ne furent jamais, que, concédés.

La mesure de la confiscation considérée comme punition, et dès-lors devenant une attribution des droits de Souverain, n'a pas pris son origine chez les Francs. Nos pères l'ont empruntée des peuples anciens; ils ont adopté cette loi avec toutes ses rigueurs. Sans en rapporter le texte, il suffit de faire remarquer qu'elle contient une disposition qui se termine par ces mots : *Bonis omnibus fisco nostro addictis.*

Les plus sages princes, ainsi que les anciens législateurs, n'ont pas voulu que sans cause bien grave, les biens des condamnés fussent *adjugés* au domaine public, dit un auteur.

En France, dans les premiers siècles de la monarchie, la confiscation n'avait lieu que sur les fiefs. Lorsque par suite du crime de celui qui en avait la possession, ils retournaient à l'Etat et étaient adjugés à la couronne; le Prince selon son bon plaisir en faisait la concession à titre de don, ou de récompense.

Philippe-le-Bel est le premier de nos Rois, qui ait étendu la mesure de confiscation au Commun. Il est à remarquer que par son ordonnance de 1313, il prescrit que la confiscation ne pourra préjudicier aux droits des femmes, des enfans, des créanciers, et qu'elle ne devra être prononcée que par jugement.

Depuis cette époque, plusieurs ordonnances ont été rendues sous différens règnes, toutes, elles stipulent, le bien confisqué est *adjugé* au Souverain ; la confiscation ne peut être prononcée que par jugement emportant condamnation.

François Ier, ordonnance de Meaux, rendue en 1539 : « *Nous voulons qu'il soit fait don, sinon » après déclaration et adjudication.* »

_ Charles IX, *Etats* d'Orléans, 1560, maintient la même disposition.

Henri III, *Etats* de Blois, 1579, *ordonnons que tous nos sujets, de quelque état, qualité et condition, qui se trouveront avoir impétré de nous don de confiscation, auparavant le jugement de condamnation et adjudication, soient tenus à rendre.*

Durant la Ligue, Mayenne, avait fait pendre sans forme ni figure de procès, un nommé *Anrout*, scélérat reconnu pour un des moteurs des exécutions violentes et séditieuses du Président Brisson et autres ; par suite, ses biens avaient été pris au profit de la Ligue. L'an 1597, Henri IV, régnant, le parlement revit le procès, les biens furent déclarés confisqués, mais ils ne furent reconnus *adjugés* à l'Etat, que du jour du jugement. Le Roi fit rendre à la mère du condamné, l'usufruit des années écoulées, il lui fut fait compte de tous les arrérages dont la Ligue avait profité, et elle en toucha le montant sans subir de réduction.

Sans chercher à rappeler de malheureux souvenirs, on peut cependant citer à titre de remarque, que, Louis XIV, par son Edit de clémence, fit rendre à ceux de la religion réformée, qui rentrèrent en France, leurs biens qui avaient été confisqués et adjugés à la couronne ; il fut déclaré alors que ceux qui en étaient en possession , ne les avaient obtenus qu'à titre de concessions et de la munificence du Prince. Il faut bien reconnaître, que l'intolérance religieuse se montra moins rigide dans cette circonstance , que de nos jours, le *libe-ralisme* philantropique.

Mais puisqu'il peut s'élever , cette contestation : de savoir si le mot *adjudication* , en ce qu'il a trait à la loi du 28 Avril , doit se rapporter à la *confiscation* des biens , ou aux *ventes* qui en ont été les suites ; il n'est pas hors de propos , sans doute , de faire connaître comment ce terme a été adopté durant la *révolution* , pour consacrer l'alié-nation des immeubles concédés par le fisc à des acquéreurs.

La petite ville de *Seignelai* , est flanquée d'une montagne , dont le plateau se montrait couronné d'un château remarquable. Ce monument du moyen âge était réputé un ouvrage des *Sarrazins*. Selon quelques historiens , il aurait été construit au commencement du 14ᵉ siècle , par des prisonniers, tombés en Syrie au pouvoir de Guillaume de Bé-thune , chef de la branche française de cette fa-mille , qui les avait envoyés captifs dans son do-maine. Cet édifice , d'architecture Mauresque, était devenu un objet d'instruction , autant qu'il l'était de curiosité. Les Etrangers se détournaient de leur route pour venir le contempler ; Henri IV à son retour de Bourgogue , où il avait dû marcher contre Mayenne , voulut le voir. A l'époque de la révolution , ce monument était réputé un des beaux fleurons des grandes possessions de l'antique famille de Montmorency. Le décret de la Convention qui prescrivait la destruction des châteaux , pour les convertir en simple habitations ayant été rendu , ce bâtiment somptueux , ·dut être mis en vente. Les habitans de *Seignelai* prirent alors la résolution de l'acquérir à frais commun. Leur intention était de le conserver. Le jour de la mise à prix , l'un d'eux se présente ; seul il forme son enchère ; chacun, garde le silence. Au moment où le feu allait s'éteindre , le Commissaire aux ventes s'adressant à l'acquéreur , lui dit : Citoyen , tu es prévenu que tu ne peux *le posséder que pour le détruire.* — Alors je retire mon enchère, répond l'habitant. A ce moment, un Forain à figure étrange se présente , il porte dans une main une hache, de l'autre il tient un pic. S'approchant du bureau, il s'écrie : *j'nous fons fort.*— Ton nom , citoyen ? lui demande l'homme aux ventes. — Qu'importe ! — ADJUDEZ au citoyen Qu'importe, proclame le préposé de la nation.... Le château a été détruit.

Ce terme *adjudé* fut alors adopté , reconnu bien conventionnel.

On le trouve rapporté dans le décret de la convention du 1er Floréal an 3. Imprimerie du Dépôt des Lois. D — 785.

Il peut paraître étonnant , qu'aujourd'hui encore, ce mot conserve sa signification réductive.

En fait, comme en droit, tous les biens avenus à l'Etat par *confiscation*, lui ont été *adjugés*.

Parmi les biens vendus, il en est dont *l'adjudication* n'est pas encore définitive ; car elle reste soumise aux conventions des paiemens, dont les conditions ne sont pas encore toutes remplies peut-être. Les terres données à rente demeurent dans cette catégorie, puisqu'aux termes du décret des 13 Ventose, 1er Floréal an 3, deux ans de non paiement, annulent l'acte de vente.

Pour les biens revendus à la folle enchère, et qui par la loi de l'an 9, postérieure à celle de l'amnistie, sont demeurés propriétés de l'*Etat*; quelle époque *d'adjudication* admettra-t-on ? Sera-ce celle de première vente, ou celle de la dernière.

Pour les *Emigrés*, les *Déportés*, la véritable époque de *l'adjudication* de leurs biens, est la date de la loi de 1792.

Pour les Condamnés révolutionnairement, la loi du 29 Floréal an 4 a fixé, tout ce à quoi ils ont droit de prétendre.

SECONDE OBJECTION.

Sur la Réduction du prix des Ventes d'après la Dépréciation successive des Assignats.

La loi de *l'indemnité* est une loi de *restitution ;* les lois de restitution portées à différentes époques, furent des lois d'indemnité. Si l'on retrouve dans ces lois de restitution des dispositions qui établissent le mode à suivre pour satisfaire à l'indemnité ; si ces dispositions doivent profiter aux réclamans , ne peut-on pas faire cette demande : pourquoi ne seraient - elles pas religieusement suivies ?

Qu'il soit permis de se montrer étonné si dans une opération de dédommagement, on adopte un système qui tend plutôt à priver du bienfait, qu'à le rendre suffisant.

C'est envers des familles dont les chefs descendus dans la tombe obtiennent de la postérité le témoignage honorable qu'ils se sont créés des titres à la gratitude de la Couronne , que l'Administration pour mieux disposer à son gré, s'appuie d'une Loi de *rédaction* , d'une loi de *dépréciation*.

Mais cette loi de *dépréciation*, d'après son texte, n'a jamais eu force *que pour les obligations con-tractées entre particuliers* et non encore éteintes au moment de la promulgation.

Dès que la majeure portion de la liquidation doit être calculée d'après la loi du 5 Messidor an V et suivant son échelle de dépréciation, les indemnisés, *à quelque titre que se soit*, conservent bien le droit sans doute, de demander la stricte exécution, de cette loi, sur-tout en ce qu'elle peut leur être avantageuse.

Avant de développer les pensées qui peuvent servir l'intérêt général, il convient de rapporter textuellement, des articles principaux de cette loi du 5 Messidor an V. L'énoncé aide aux preuves.

Art. 1er. « Lorsqu'il y aura lieu de réduire en » numéraire métallique, la valeur nominale d'une » obligation, la réduction sera faite, *eu égard à* » *la valeur d'opinion du papier monnaie*, au mo- » ment du contrat, dans le département où il aura » été fait.

Art. 3. « L'époque à laquelle a cessé la circula- » tion forcée du papier monnaie, valeur nomi- » nale, *est et demeure fixée* au jour de la publi- » cation de la loi du 29 Messidor an IV. »

Quelles sont les conséquences naturelles qui découlent de ces dispositions ? Le texte les définit.

Toutes les obligations contractées dans les années 91, 92, 93, *an deux, an trois, an quatre ;* qui demeuraient sans avoir été acquittées au moment de la promulgation de la loi du 5 Messidor an 5; ne pouvaient plus dans la suite être payées qu'avec *du numéraire*. Cette valeur métallique ou réelle, devait être appréciée comparativement à *la valeur d'opinion des assignats*, aux époques. respectives où les obligations avaient pu être contractées. Ainsi, *cent livres*, terme inscrit dans les obligations passées de 92 à l'an 3, peuvent être rendues par 60 — 40 — 50 — 20 — 10 livres en numéraire payé après le 5 Messidor an V.

Mais comment serait-on autorisé à inférer de ce fait, que les paiemens qui furent consommés antérieurement à l'an quatre, temps de la *circulation forcée des assignats*, doivent aujonrd'hui subir la réduction au détriment de ceux qui peuvent prétendre à un réglement de compte.

Assurément les dépossédés ont d'autant plus droit à demander la somme intégrale, que, les acquéreurs des biens, alors les débiteurs, n'ont pas été admis *à se prévaloir de la loi de réduction* : l'Etat n'a éprouvé aucune perte sur les quotités reçues.

Que répondrait l'administration à celui qui se présentant devant elle porteur de pièces revêtues des formes probantes, établirait ses prétentions à l'aide de ce dilemme.

Vous réduisez d'après l'échelle de dépréciation, les sommes que vous avez touchées à titre de paiemens, depuis 92, jusqu'en l'an quatre ; Par la même raison, vous ne pouvez donner aux assignats dont vous vous êtes servis pour setisfaire à vos engagemens, que leur *valeur d'opinion*. J'étais dans ces temps votre créancier. Vous m'avez payez *avec des assignats valeur nominale*, tant, en telle , et telle , année, toutefois , avant la loi de l'an 5. Hé bien , d'après l'échelle de dépréciation dont vous vous faites aujourd'hui un avantage , vous me restez redevable de la somme de tant.

Quel jugement porteraient les Cours suprêmes , contre le curateur d'un interdit , qui , obligé de rendre compte d'un emploi de fonds ; l'établirait de cette manière. A déduire sur le produits des fonds provenaut des ventes des capitaux , soixante. A ajouter aux dépenses faites pour acquits de dettes , quatre-vingts.

Si la loi du 28 avril porte que la réduction aura lieu d'après l'époque des ventes , il est incontestable que cette dépréciation ne peut s'entendre qu'à l'égard des paiemens qui auraient été effectués postérieurement à l'an cinq ; et toutefois , autant que les acquéreurs auraient fait subir à l'Etat la diminution.

En l'an trois même , ainsi que dans les années antérieures , le Trésor acceptait pour sommes effectives , *les valeurs nominales* ; de même , il les donnait en paiemens.

Cette assertion demeure prouvée par la loi du 23 Nivose de l'an III , qui accorde des secours aux pères et mères des émigrés.

Art. 2. « Ces secours seront fixés par le direc-
» toire du district , d'après les observations de la
» muunicipalité. Leur quotité pourra être portée
» jusqu'à concurrence des deux tiers des revenus

» nets des biens des pères et mères d'émigrés , ver-
» sées jusqu'à présent dans les caisses nationales,
» pourvu qu'elle n'excède pas 2,000 liv. par tête ,
» et 1,200 liv. pour chaque enfant. »

Si l'on donne à la loi de dépréciation de l'an V,
un effet rétroactif, alors, il reste constant, que
pour tenir lieu du revenu le plus fort , dont il tou-
chait les jouissances, l'Etat n'aurait accordé au
plus, que 420 liv. par tête principale, et 231 par
tête sous dépendance; ce qui eût été contre le texte
et l'esprit de la loi.

Mais, les anciennes assemblés législatives, mais,
ceux qui ont succédé aux auteurs de la loi de l'an V,
ainsi que *les gouvernemens de fait*, qui ont maintenu l'exécution des lois; ont–ils imposé la mesure
de la rigoureuse réduction, lors des restitutions
qu'ils ont opérées? La loi du 8 Messidor an VII,
relative à la disposition des successions échues aux
familles d'émigrés, loi qui a motivé des liquidations entre l'Etat et des particuliers, tant pour
l'actif que pour le *passif*, n'offre–t–elle pas dans
cette circonstance, un antécédant qui puisse être
invoqué. Les décisions profitables au malheur ne
furent alors que des actes de justice , dictés par la
nature des événemens.

Du régime de la Convention, à cette époque où
l'action du pouvoir se manifestait au nom de la
Nation, les Meneurs jugèrent nécessaire d'ajouter
des sommes immenses aux valeurs déjà en circulation. Ce fut alors que le decret pour battre mon-

naie avec les biens des Emigrés fut rendu. Ces garanties étaient assurément beaucoup plus réelles que celles présentées par le gouvernement, à l'époque du système de Law.

Le décret du 4 février 1793, prescrit la création de *huit cent millions assignats*. Il ordoune de dresser sans délais les états des biens saisis aux émigrés, ceux affectés à la liste civile.

Le Considérant de ce decret est remarquable, il convient de le rapporter.

« La Convention nationale, considérant que
» pour *maintenir le crédit des assignats*, il faut
» leur affecter un gage certain et disponible, con-
» sidérant, que, ce gage peut encore être augmen-
» té *par le produit de la vente des biens des Emigrés*
» qui d'après le compte rendu par Roland, mi-
» nistre de l'intérieur, *peut être estimé à trois*
» *milliards déduction faites des dettes à acquitter*,
» décrète huit cent millions, etc. »

Le 25 novembre, même année, la Convention, par un nouveau décret porte cet décision :

« Il sera levé un emprunt d'un milliard sur tous
» les citoyens riches. *Les reconnaissances seront*
» *admises pour payer les biens des émigrés.*

Ces deux décrets prouvent quels avantages l'Etat a retiré de la possession des biens des émigrés. Il en a fait monnaie; il s'en est créé des capitaux; il les a donnés pour tenir lieu de récompenses, qui lui seraient demeurées onéreuses.

« Hé quoi, lorsque les faits entraînent encore la

conviction, lorsque ceux à qui ils ont profité les avouent, lorsque les contribuables dans le dessein de subvenir à des pertes dont la réparation devient la garantie de toutes les propriétés, consentent seulement un dédommagement de trente millions de rentes, lorsque ce dédommagement déclaré définitif, n'est égal tout au plus qu'à un capital de sept cent cinquante millions, et qu'il doit toujours rester bien au-dessous de la valeur fictive qu'on lui a fixé; l'Administration par un raffinement de calcul veut imposer à de malheureuses familles, les dispositions d'une loi de réduction! Non, le *summum jus* de ce juge qui avala l'huître, ne fut jamais si rigoureux.

Une loi, peut sans doute feindre que ce qui a été n'a pas été, elle peut effacer jusqu'aux moindres traces d'un effet qui a existé et qu'elle fait cesser, mais il ne suffit pas qu'elle le puisse, il faut qu'elle le veuille. Il faut encore qu'elle en manifeste la volonté. Dès qu'elle ne dit rien à cet égard, elle laisse les choses telles qu'elles sont par elles-mêmes.

Envain l'Administration voudrait se prévaloir d'un arrêté interprétatif. Ou un arrêté est conforme à la loi, ou contraire à ses dispositions; dans le premier cas il est inutile, dans le second, il y a erreur.

TROISIÈME OBJECTION.

De la Liquidation du Passif des dépossédés.

Que l'application du terme *adjudication* soit établi au désavantage des *ayant-droit*, cela peut se comprendre ; la cause naît d'un équivoque. Que les *dépossédés* se voient astreints à recevoir trois fois moins qu'il pourrait leur être rendu, d'après le produit réel des ventes, cela se conçoit ; la loi du 5 Messidor an V peut avoir voulu dire, ce qu'elle ne dit pas positivement, et ceux qui furent témoins de sa rédaction, ou y aidèrent, sont bien parties capables pour en interpréter et l'esprit et la lettre. Mais ce que la raison sa refuse à regarder comme possible, c'est cette mesure d'après laquelle *les li-quidataires* sont tenus à payer dans cette occurence à l'Administration, des dettes qui depuis long-temps sont éteintes.

Sans entrer dans des détails relatifs aux diffé-rentes natures de dettes qui sont réclamées en ce moment, telles que dettes hypothécaires, viagères, mobiliaires : il faut seulement s'attacher à démon-trer combien sont peu légitimes les prétentions de l'Administration.

Sur quel droit les demandes qu'elle forme sont-elles fondées ? Le seul que le fisc fasse valoir, est de dire aux dépossédés à qui il présente compte ;

votre *passif* se composait *de tant* lorsque vous avez été privé de votre *avoir*, quel qu'il fût.

Par l'indemnité vous êtes replacé dans votre position présumée, de première possession. Dès lors, vous retombez réellement dans la situation de débiteur qui pesait sur vous au moment de l'événement par suite duquel la liquidation a lieu.

Il faut en convenir, cet argument poussé par la partie tenante, peut paraître porté en forme, sur-tout lorsqu'il est soutenu contre un infortuné qui aspire à recevoir; mais l'action qu'il veut établir, n'en reste pas moins foncièrement illicite.

Ce n'est point l'administration qui a payé les dettes *des Emigrés, des Déportés,* parce que jamais l'Etat ne s'est reconnu héritier. Ce sont les déportés, les Emigrés, qui ont réellement payé, parce que ce sont eux qui ont laissé de quoi satisfaire à leurs engagemens

Si l'on admet comme présomption généralement admise pour ce qui a rapport aux propriétaires, que le *passif* d'une fortune, est ordinairement en proportion relative à *l'actif*; il demeure incontestable, que ceux dépossédés par les événemens de la révolution, ne peuvent plus être réputés débiteurs envers l'administration.

L'Etat n'a pas payé pour eux plus qu'il n'a reçu, soit par la vente du mobilier, soit par la confusion des créances, soit par la jouissance des revenus. C'est d'après ces considérations, que par plusieurs lois de restitution portées à différentes époques, les dépossédés ont été reconnus libérés sans absorption de capital.

Pour prouver à quel point cette assertion est fondée, il suffira sans doute de rapporter quelques-unes de ces lois, rendues pour pourvoir à l'acquittement des dettes passives des Emigrés :

Loi du 28 juillet 1792.

« Les receveurs des districts ne pourront annu» ler les assignats provenant des revenus des biens
» des Emigrés. Ils les verseront néanmoins dans la
» caisse de l'extraordinaire, où ils resteront jus» qu'à ce que l'Assemblée nationale en ait autre» ment ordonné ».

Alors, le Roi voulu donc, que ces revenus conservés fussent employés pour acquitter les dettes. S'ils eussent été destinés à servir aux dépenses de l'Etat, par cela même, il n'était plus nécessaire de les tenir en réserve.

« La loi du 2 septembre 1792 porte article 9 :
» Il sera vendu autant de biens, soit *meubles*, soit
» *immeubles*, qu'il en faudra pour acquitter les
» dettes de l'Emigré. En cas d'insuffisance, les lois
» sur l'ordre hypothécaire, où la contribution
» entre créanciers seront observées. En cas d'excé» dant, le surplus franc et libre de toute charge
» SERA ALLOUÉ, soit à titre de vente, soit à bail à
» rentes, ou en argent; laquelle rente sera rraché» table à perpétuité, sur le pied du denier vingt,
» et exempte de toute retenue ».

Qui pourrait se refuser à reconnaître que ces dispositions si précises, présentent un commentaire judicieux, de la mesure actuelle de l'Administration.

Il est important peut-être de faire remarquer, que, dans cette loi, il est dit, quand à la vente des biens, *sera alloué*, et non *adjugé*.

Par la loi du 3 septembre, *l'argent*, *l'argenterie* trouvés dans les maisons des émigrés sont mis à la disposition de la nation.

Sans rappeler d'autres lois qui rentrent dans les intentions de celles citées, il faut faire mention de la loi du 7 Floréal an III, elle est relative aux créances et droits sur les biens des Emigrés.

Art. 1ᵉʳ. « Les créanciers des Emigrés sont re-
» connus créanciers directs de la République,
» excepté ceux, des émigrés en faillite, ou notoi-
» rement insolvables. Art. 9. Les directeurs......
» où les titres de créance seront déposés, en adres-
» seront l'état à la commission des *revenus na-*
» *tionaux*. Art. 18. Les créances des Emigrés
» seront liquidées définitivement par les adminis-
» trations de département. Art. 27. Les intérêts
» des créances courront du jour où les créances
» deviendront exigibles, ils seront de 4 pour cent
» sans retenues. Art. 29. *Les pensions ou rentes*
» *viagères* seront liquidées d'après la loi *du 23 Flo-*
» *réal an II* par la Trésorerie nationale. *Les ren-*
» *tes viagères dues par les Emigrés pourront être*
» *cumulsés avec les rentes viagères dues par la*

» *nation*. Art. 31. Les créanciers d'un Emigré qui
» se trouveront, à la fois, débiteurs de ce même
» Emigré seront admis à compensation. Art. 32.
» Toute procédure contre les Emigrés pour rai-
» son de leurs dettes passives, ou de droits à exer-
» cer sur leurs biens, demeurent éteintes. Art. 34.
» Sont maintenus les liquidations déjà faites con-
» formément aux lois précédentes, pourvu qu'elles
» ne soient point contraires aux dispisitions de la
» présente loi. Art. 51. L'ordre, distinguera *les
» sommes payables en assignats*, et celles qui doi-
» vent l'être en reconnaissances admissibles, en
» paiement de domaines nationaux...... Art. 68.
» *Les créances exigibles*, qui n'excèderont pas
» deux mille francs, et celles constituées, dont
» le capital sera au-dessous de mille francs, *seront
» payées en assignats*. En conséquence, les recon-
» naissances de liquidation définitive délivrées
» pour des créance de cette nature, seront échan-
» gées *contre des assignats*. Art. 69. Les recon-
» naissances de liquidations définitives de créances
» exigibles, ainsi que celles des créances consti-
» tuées qui excéderont les sommes fixées par l'ar-
» ticle précédent, seront admissibles en paiement
» de biens nationaux sans distinction d'origine,
» ou en inscription sur le grand-livre de la dette
» publique ».

Après avoir rapporté le texte de lois qui établissent d'une manière péremptoire, de quels fonds
les administrations se sont servis pour acquitter

les dettes des Emigrés, restées à la charge de l'Etat par suite des confiscations; il devient nécessaire de se faire aussi un moyen d'autres lois qui prouvent, que les produits des effets mobiliers, sont entrés en compte de recette et de dépenses.

La loi du 29 Floréal an IV affecte une somme de douze millions, pour subvenir au remboursement des *valeurs mobilières* enlevées d'une manière illégales.

La loi du 28 Vendémiaire an IX relative aux *Emigrés éliminés* prononce « Art. 13.... En con-
» séquence il rentrera dans la jouissance de ses
» biens qui n'avaient pas été vendus, sans qu'il
» puisse néanmoins prétendre à aucune indemni-
» té pour ceux qui se trouveraient aliénés. Il sera
» toutefois indemnisé de la valeur de ceux de ces
» biens qui n'ayant pas été aliénés, auraient été
» conservés, pour être consacrés au service
» public ».

Cette loi est tout à-la-fois une loi de restitution, et une loi d'indemnité. Que l'administration actuelle dise, de quelle manière il fut procédé dans les temps à la liquidation du passif. La mesure fut alors plus profitable, sans doute, pour quelques Eliminés, que celle qui s'opère actuellement ne pourra jamais l'être au plus grand nombre des indemnisés.

Lorsque l'on cherche à convaincre, on ne doit pas négliger l'emploi des moyens qui peuvent aider à ce dessein. Dans cette vue, il devient utile

de rappeler des dispositions du Sénatus-Consulte du 6 floréal an X. « Art. 16. Les individus amnis-
» tiés ne peuvent, dans aucun cas, et sous aucun
» prétexte, attaquer les partages de présucces-
» sion, succession, ou autres actes, et autres ar-
» rangemens faits entre la République, et les par-
» ticuliers, avant la présente amnistie. Art. 17,
» ceux de leurs biens qui sont encore dans les
» mains de la Nation, autres que les bois et forêts
» déclarées nationnales par la loi du 2 nivose an IV,
» les immeubles affectés au service public, les
» droits de propriété, ou prétendus tels, sur les
» grands canaux de navigation, les créances qui
» pourraient leur appartenir sur le trésor public,
» et dont l'extinction s'est opérée par confusion
» au moment où la République a été saisie de leurs
» biens, droits et dettes actives, leur seront ren-
» dus, sans restitution des fruits qui, en confor-
» mité de l'arrêt des Consuls, du 29 messidor
» an VIII, doivent appartenir à la République,
» jusqu'au jour de la délivrance qui leur sera faite
» de leur certificat d'amnistie ».

Dans cette loi qui devient un document si im-
portant, est-il fait mention qu'il sera exercé une retenue sur les biens rendus ? Est-il prescrit qu'il sera établi un système de compte de l'actif et du passif ? L'intention de la puissance législative ne se manifeste-t-elle pas par le silence même de la Loi. Le plus grand nombre de ceux qui ont parti-cipé à déterminer cette mesure de restriction exis-

tent encore, qu'ils prononcent. La pensée des compensations opérées, n'éloigne-t-elle pas l'idée de toute retenue ?

Il est peut-être nécessaire de terminer cet exposé analytique, par l'extrait de la loi du 3 floréal an XI. « Article 3. Toute créance de la République » contre un *rayé, illiminé ou amnistié* demeure » éteinte si il est justifié, que le trésor public ait » reçu, soit par le *versement de ses biens vendus,* » soit par la valeur des bois ou autres propriétés » affectées au service public, soit par l'effet de la » confusion des créances, une somme égale au mon- » tant desdites créances. Il y aura lieu seulement » à compensation jusqu'à concurrence de ce dont » aura profité la République, si ces créances s'é- » lèvent à une somme plus forte. »

Ces dispositions sont précises, elles reconnaissent que les produits des biens de toute nature ont servi pour acquitter les dettes; les biens meubles, comme les immeubles, la loi n'en fait pas de distinction.

L'on peut donc avancer que l'indemnisé à qui un office n'aurait pas été remboursé, peut en faire entrer la valeur en compensation de dettes acquittées; *car, un office vénal est réputé immeuble et a suite par hypothèque.*

Des troupeaux sont réputés biens et donnent suite, par saisie. De ce que l'on reconnaîtra *avoir fait remise,* il ne s'ensuit pas, que l'on pourrait dire, *avoir rendu.*

Quelle est donc cette fatalité qui naît de la nature des choses? C'est dans les lois de la révolution, c'est dans des documens qui devraient être condamnés à l'oubli, qu'il faut puiser les moyens qui peuvent servir contre les desseins préjudiciables d'une Administration qui tient son existence d'un Roi légitime.

Que prononce la loi du 28 avril? Que détermine l'ordonnance du 5 mai, relativement au passif des liquidations?

Article 9 de la loi : « Le Ministre des finances » s'assurera s'il n'a pas été payé *de soultes*, ou de » dettes, à la décharge du propriétaire dépos- » sédé ».

Art. 3 de l'ordonnance : « Le Directeur général » de l'enregistrement et des domaines, joindra » un état des *soultes*, payées à la décharge du » propriétaire dépossédé. »

Ces deux dispositions se prêtent une force réelle; elles expriment une même volonté. Il faut oser le demander, comment a-t-on pu en inférer qu'elles ouvraient à l'Administration un droit, pour exiger le remboursement de toutes sommes nominales, de toutes créances qui ont pu être portées au passif des prétendans à l'indemnité? Le texte de la Loi, celui de l'Ordonnance prouvent l'intention suprême, *ils classent cette mesure de retenue.* D'après l'énoncé, l'indemnité accordée pour la vente des biens-fonds s'élevât-elle à la valeur intégrale des produits, l'administration n'aurait en-

core alors, que le droit d'en défalquer le montant
réel des dettes passives qui auraient été payées,
et dont le remboursement n'aurait pas été opéré
d'une manière quelconque.

Dans toute opération qui peut occasionner un
litige, s'il doit s'ensuivre réglement de comptes,
il faut présumer, ou diminution dans la demande
formée, ou reconnaissance de sommes reçues. Réclamer *la soulte* d'une dette, c'est avouer que déjà
des paiemens ont été faits.

*S'il y a soulte excédant la valeur de la moitié,
s'il y a soulte moindre de la moitié, l'échange peut
être maintenu, ou annulé;* telles sont les accep-
tions du mot *soulte*. On en trouve l'application
dans un arrêt du Parlement, des Octaves de la
Nativité de Notre-Dame, rendu au profit de saint
Louis en 1260. La définition est encore rapportée
dans un autre arrêt de ces temps, intervenu sur
une affaire assez singulière. Il s'agissait d'un baiser qui avait été promis à titre de *soulte*. Le demandeur voulait qu'un contrat d'échange fût annulé, parce que la dame avec laquelle il avait
traité se refusait à laisser prendre le baiser, et
que lui cédant y attachait une valeur qui outre-
passait de moitié le prix du Bien. La Cour pro-
nonça contre le réclamant, statuant, qu'un baiser est un don, dont la valeur ne peut être calculée.

La mesure de l'Administration quant à la liquidation du passif, offre cette circonstance toute

particulière. Pour se faire rembourser de ce qu'elle n'a pas payé, elle retient au *liquidataire* bien plus que la valeur des créances. Pour s'assurer le montant, et la disposition des sommes qu'elle veut retenir, elle fait fournir aux contribuables le total de ce qu'elle prétend lui être dû. Mais si ce procédé est maintenu, que devient cet axiome, *l'Etat ne se paye pas.*

Si les indemnisés sont réellement redevables, alors il ne doit rester à liquider que l'excédent ; les sommes nécessaires pour l'indemnité peuvent donc être moindre. Le trésor n'a pas besoin d'être indemnisé. Les pertes furent pour les créanciers.

La mesure de confiscation ne pouvait s'étendre sur les gages des créances. Ces gages étaient, *les biens meubles, immeubles, les revenus, les produits.*

Chaque portion de ces valeurs actives doit entrer dans le décompte qu'il faut préalablement établir, pour prouver à combien s'élève réellement *la soulte* que l'Administration peut avoir droit de réclamer.

QUATRIÈME OBJECTION.

Cause de déchéance, adoptée par l'Administration.

A ces droits que l'Administration se donne pour retenir à son bénéfice, elle en ajoute un autre, qu'elle établit au moyen des *déchéances*. Dans le nombre des causes qui peuvent donner lieu à priver d'un avantage, sans doute il en est de légales ; mais celles qui se montrent arbitraires, ou qui ne sont ue les suites d'une interprétation arbitraire, doivent-elles être admises ?

Au jugement de l'Administration, les Emigrés entrés au service d'une puissance étrangère, avant 1814, mais qui ne justifient pas d'une autorisation donnée par le Roi depuis cette époque, sont réputés inhabiles à former aucune réclamation en indemnité. Leur liquidation ne peut même profiter à leurs co-héritiers, ou à leurs héritiers.

Il faut s'abstenir de définir une telle résolution.

L'ordonnance de 1814, rendue après que le Roi eût repris les rènes du gouvernement, n'est pas plus applicable aux émigrés, qu'à leurs enfans. Cette ordonnance n'a été portée, qu'à l'égard des Francais qui avec l'autorisation *des gouvernemens de fait*, étaient entrés au service d'une puissance amie, ou d'un pays étranger.

Ce serait en quelque sorte, faire outrage à la mémoire du prince que nous venons de perdre, ce serait se montrer irrévéremment oublieux de ce respect dû Roi qui gouverne, de reppeler des actes qui remontent à des époques de malheur.

Mais il faut le soutenir, pour tous les Emigrés et descendans d'Emigrés, la permission d'entrer au service d'une puissance étrangère date de l'époque du licenciement, qui fut la suite de l'entreprise de 1792. Alors fut publié cet ordre, dans lequel on remarquait ce passage. Il indiquait à chacun la route à suivre.

« Nous ne commettrons pas envers la Noblesse
» française la faute de lui recommander de se mon-
» trer au-dessus du malheur; nous n'engagerons pas
» des Corps d'Officiers, à savoir supporter l'adver-
» sité; nous vous dirons à tous, qui êtes venus vous
» réunir autour de nous, pour vous y montrer
» les défenseurs de l'Autel, et les soutiens de la
» cause des Rois; que nous nous ferons toujours
» un devoir de réclamer près des Souverains,
» pour qu'ils accueillent la fidélité, et lui donnent
» place sous l'Egide de leur Trône ».

Assurément, cette autorisation est aussi solennelle, que sa date demeure certaine.

Serait-il donc possible, qu'il y eût encore en France des hommes, pour qui le règne de Louis XVIII ne compterait que du jour de sa rentrée dans sa capitale? Nos pères ont-ils établis les ans du règne de Childéric, du jour de

son retour dans le royaume, ou de son avène-
ment à la Couronne?

_ L'histoire commence-t-elle le règne de Henri IV,
du moment où il a embrassé la religion de l'Etat,
ou de celui où il eut droit au trône de son prédécesseur, tombé sous le fer assassin?

Si les Émigrés, si leurs enfans au service d'une
puissance étrangère, devaient demeurer en but
à la mesure de déchéance. Si l'Administration, per-
sistait dans son système à leur égard, les annales
de notre histoire présentent un fait, dont il serait bien permis sans doute d'invoquer le sou-
venir.

Alexandre, comte de Bonneval, qui avait fait
les campagnes sous Catinat, sous Vendôme, fut
condamné durant le ministère de Chamillard, à
perdre la tête.

Pour se soustraire à la peine, le Comte s'ex-
patria.

D'abord il entra au servire de l'Empereur, puis
il passa à Constantinople, se fit Mahométan, se ma-
ria avec une femme Turque, fut créé pacha, com-
manda les troupes du Grand-Seigneur. Plus tard
il revint en France. Sa contumace était purgée
par la durée de l'absence. Il n'avait plus contre
lui, que d'être au service d'une puissance étrangère. Sur ce point, ses *droits civils* lui furent con-
testés.

Dans cette occurrence, il intervint un arrêt du
parlement, rendu sur les conclusions de l'avocat-

général Talon. Cet arrêt prononce, que, Bonneval n'est pas mort civilement, pour le fait de sa retraite en Turquie, et de son changement de religion.

Rester au service d'une puissance étrangère sans la permission de son souverain, *est commettre un acte de désobéissance.* Mais aussi long-temps que cette puissance demeure en paix avec l'Etat, l'acte de désobéissance n'entraîne pas la mort civile; parce qu'il n'y a pas crime de port d'arme contre le prince ni la patrie. Seulement, le fait prive de l'appui de protection souveraine.

En s'occupant de ces objections, plusieurs réflexions ont dû naturellement se présenter à l'imagination.

Quelques-unes pourraient avoir trait à la loi.

Les énoncer, ce serait paraître vouloir réclamer contre cette loi; telle n'est pas la pensée.

Si les données que ce travail a procurées, ne sont pas très-fausses, sous le rapport des principes, comme sous celui du calcul, on peut croire qu'au moyen des trente millions consenti par la loi, il y a de quoi payer intégralement l'indemnité, même en élevant à quatre pour cent l'intérêt du capital.

Le total du produit des biens vendus, ne doit pas s'élever réellement à sept cent cinquante millions; il reste plutôt au-dessous, sans doute, qu'il ne peut-être présenté au-dessus. Si chacun peut recevoir ce qu'il a droit de prétendre, il s'ensuit, que les dédommagemens deviennent inutiles.

Il est une observation que l'on ne saurait trop s'attacher à produire, et à faire reconnaître exacte.

La mesure d'indemnité opère beaucoup plus à l'égard des petits propriétaires, que des grands possesseurs. Ces derniers ont déjà beaucoup recouvré, parce que plusieurs de leurs propriétés avaient été déclarées inaliénables, et que par suite elles leur ont été rendues.

Le petit propriétaire, au contraire, qui a souffert la mesure de confiscation, a dû tout perdre, parce qu'il ne possédait aucune de ces propriétés, que l'Etat aurait eu intérêt à conserver.

Aussi jusqu'à de moment les petits propriétaires n'ont-ils rien recouvré.

Si la loi d'indemnité au lieu de leur être profitable, leur devient contraire par son système de réduction; alors n'ayant plus pour soutien ni la réalité, ni l'espérance, il seront réduits à décendre, à s'aglomérer aux classes inférieures, à se perdre dans la multitude. Que devra-t-il en résulter nécessairement? Que cette chaîne de la grande famille, qui tient du Trône où pose la Couronne, au sol qui détermine la patrie, sera rompu. Plusieurs de ses anneaux auront disparu. Pourra-t-on les remplacer? Non! leur force était l'ouvrage du -temps.-Ils servaient au soutien de l'édifice, parce

56

qu'en conservant les traditions du passé, en en faisant leur moyen d'existence, ils aidaient à préparer l'avenir.

De ces avantages, ils tiraient celui de ne pouvoir être altérés par cette rouille de l'agiotage, qui tend à tout détruire, en mettant les hommes et les choses dans la nécessité de rester sous l'influence de combinaisons, qui n'offrent d'autres facultés, que, celles de faire marcher l'État au jour le jour.

FIN.

Imprim. de J. M. Chaigneau fils, rue des Vieux-Augustins, N° 8.